ALCIONE,
TRAGÉDIE
REPRESENTÉE
POUR LA PREMIERE FOIS
PAR L'ACADÉMIE ROYALE
DE MUSIQUE,
Le Jeudi dix-huit Février 1706.
Reprise les dix-sept Avril 1719. Le neuf Mai 1730.
Le vingt-un Septembre 1741.

Et remise au Théâtre le Mardi dix-neuf Octobre 1756.

PRIX XXX. SOLS.

AUX DÉPENS DE L'ACADÉMIE,
PARIS, Chez la V. DELORMEL & FILS, Imprimeur de ladite
Académie, rue du Foin, à l'Image Ste. Geneviéve.
On trouvera des Livres de Paroles à la Salle de l'Opéra.

M. DCC. LVI.
AVEC APPROBATION ET PRIVILEGE DU ROI.

Les Paroles de feu M. LAMOTHE.
La Musique de feu M. MARAIS.

ACTEURS CHANTANS.

Dans les Chœurs.

CÔTÉ DU ROI.		CÔTÉ DE LA REINE.	
Mesdemoiselles.	*Messieurs.*	*Mesdemoiselles.*	*Messieurs.*
Larcher.	Lefebvre.	Rollet.	S. Martin.
Caseau.	Le Page. C.	Daliere.	Gratin.
Le Tourneur	Lévêque.	Masson.	Le Mesle.
	L'Ecuyer.	Héry.	Albert.
La Croix.	Selle.	Adelaïde.	Pinard.
allaville.	Le Roy.	Lachanterie	Paulart.
Gaultier.	Roze.	Dauger.	Chappotin.
	Robin.		Ferret.
Edmée.	Antheaume.	Petitpas.	Favier.
Dubois c.	Parant.	Cochereau.	Du Perrier, Laurent. Louatron.

ACTEURS

CEIX, *Roy de Trachines*,	Mr. Poirier.
ALCIONE, *Fille d'Eole*,	Mlle. Chevalier.
PÉLÉE, *Ami de Ceix*,	Mr. Gelin.
PHORBAS, *Magicien*,	Mr. Person.
ISMENE, *Magicienne*,	Mlle. Jacquet.
UNE EOLIENNE,	Mlle. Dubois.
CÉPHISE, *Confidente d'Alcione*,	Mlle. Chefdeville.
LE GRAND PRESTRE *de l'Hymen*,	Mr. Larrivée.
UNE MATELOTTE,	Mlle. Dubois.
LA PRESTRESSE *de Junon*,	Mlle. Davaux.
LE SOMMEIL,	Mr. Langlois.
MORPHÉE,	Mr. Poirier.
PHOSPHORE, *Pere de Ceix*,	Mr. Langlois.
NEPTUNE,	Mr. Larrivée.

Suivans de Ceix, & d'Alcione.
Prestres de l'Hymen.
Magiciens & Magiciennes.
Joueurs de Tambourins.
Matelots & Matelotes.
Songes sous la forme de Matelots.
Divinités de la Mer.

La Scene est à Trachines.

PERSONNAGES DANSANS.

ACTE PREMIER.

SUIVANS ET SUIVANTES DE CEIX.

M^r. LYONNOIS,
Mlle. VESTRIS.
Mlle. CARVILLE.

M^r. LELIEVRE, Mlle. COUPE'E.

M^{rs}. Trupty, Bertrin, Galodier, Beat, Dubois.

Mlles. Danville, Morel, Armand, Fleury, Thetelingre.

ACTE SECOND.

MAGICIENS.

M^r. LAVAL,
M^{rs}. Dupré, Feuillade, Hus, Veftris, c. Henry, Rivet.

ACTE TROISIÉME.

MATELOTS ET MATELOTTES.

M^r. LANY.   Mlle. LANY.

M^r. BEAT.   Mlle. DUMIRAY.
GALODIER   RIQUET.

M^{rs}. Bertrin, Dubois, Trupty.
Mlles. Chomar, Granier, Courcelle.

ACTE QUATRIÉME.

PRESTRESSES.

Mlle. PUVIGNÉE.

Mlles. MARQUISE, COUPÉE, CHEVRIER,

Mlles Ponchon, Deschamps, Fleury, Pagés.

ACTE CINQUIÉME.
TRITONS ET NÉREYDES.

M^r. VESTRIS.
Mlle. LYONOIS.

M^r. LYONOIS,   M^r. TAVOLEGUE.
Mlle. PUVIGNÉE, M^r. LANY, Mlle. LANY.
M^r. DUBOIS.   Mlle. DUMIRAY.
M^r. LELIEVRE.   Mlle. RIQUET.

M^{rs}. Dupré, Rivet, Feuillade, Hus, Vestris, c. Henry.

Mlles. Chomar, Courcelle, Granier, Deschamps, Marquise, Chevrier.

ALCIONE,
TRAGEDIE.

ACTE PREMIER.

Le Théâtre représente une Gallerie du Palais de CEIX, *terminée par un endroit du Palais consacré aux Dieux.*

SCENE PREMIERE.
PELÉE, PHORBAS.
PHORBAS.

Ous voyez le palais où l'hymen d'Alcione
Va combler les désirs de votre heureux rival :
Déja la pompe s'en ordonne
Et le moment approche...

PELÉE.
Ah ! Quel moment fatal !

A

ALCIONE,

PHORBAS.

Seigneur, il faut troubler cette odieuse fête;
Tout l'Enfer conjuré m'a promis son secours :
Et ce jour qu'ils ont crû le plus beau de leurs jours,
  Va bien-tôt devenir...

PELÉE.

    Arrête.

Tu scais ce que je dois au Roy,
Banni de ma patrie, & teint du sang d'un Frere;
 Funeste objet des fureurs d'une Mere :
Lui seul à sa vengeance, il s'exposa pour moy.

  Sa cour fut mon unique azile,
Alcione à ses jours alloit unir son sort.
Dieux ! Je ne pûs la voir avec un cœur tranquile;
Vertu, gloire, raison, tout me fut inutile,
Mon amour combattu n'en devint que plus fort.

Un monstre, que la mer vomit contre mon crime,
Suspendit cet hymen dont j'étois si jaloux;
Et ce Peuple en seroit encore la victime,
  S'il n'étoit tombé sous mes coups.

PHORBAS.

Laissez-moi ranimer ce monstre redoutable;
 Qu'il rompe encor de si funeste nœuds.

TRAGEDIE.
PELÉE.

Non, ne me rends point plus coupable,
Non, laisse-moy mourir, laisse-les vivre heureux.
Abandonne mon cœur au feu qui le consume,
D'un hymen que je crains pourquoi me garantir?
C'est par moi qu'aujourd'hui son flambeau se rallume.
    Je ne veux point m'en répentir.

Amour, céde à mes pleurs, & respecte ma gloire;
    Ah! Laisse-moy briser mes fers.
C'est trop à la vertu disputer la victoire;
Contente-toy, cruel, des maux que j'ay soufferts.
Amour, céde à mes pleurs, & respecte ma gloire;
    Ah! Laisse-moy briser mes fers.

PHORBAS.

C'est assez répandre de larmes,
    Et votre cœur n'a que trop combattu;
Ismene & moy, nous allons par nos charmes,
Secourir votre amour contre votre vertu.

SCENE II.
ALCIONE, CEIX, EOLIENNES, Suivans de CEIX, PELÉE, CEPHISE.

CHŒUR.

Aimez, aimez-vous fans allarmes,
Que vos feux font charmans, que vos liens font
 doux !
L'Hymenée & l'Amour vous prodiguent leurs
 charmes,
 Tendres Amans, foyez heureux Epoux.

ALCIONE ET CEIX.

Aimons, aimons-nous fans allarmes,
Que nos feux font charmans, que nos liens font
 doux !

CEIX, à PELE'E.

Partage, cher Amy, les tranfports de mon ame;
L'Hymen va me livrer l'objet de tous mes foins,
Et rien ne manque au bonheur de ma flâme,
 Puifque tes yeux en font témoins.

Que ne puis-je te voir plus heureux que moi-même!

PELÉE.

Eft-il un fort plus doux ? Alcione vous aime.

TRAGEDIE.
ALCIONE.
Du plus ardent amour mon cœur est enflâmé,
Je me plais à brûler des feux qu'il a fait naître,
Il n'est point d'Amant plus aimé,
Ni d'Amant plus digne de l'être.
PELÉE.
Infortuné !
CEIX.
D'où naissent ces soupirs ?
PELÉE.
Que les maux qu'en ces lieux a causé ma présence,
Ont coûté cher à vos désirs !
Que vous avez souffert d'une injuste vengeance !
ALCIONE ET CEIX.
Oubliez nos malheurs, partagez nos plaisirs.
CEIX à PELE'E.
Ah ! Que ton cœur n'est-il plus tendre,
Pour juger du bonheur qui va combler mes vœux !
C'est l'Amour seul qui peut faire comprendre
Les plaisirs d'un Amant heureux.
ALCIONE, CEIX ET PELÉE.
Que rien ne trouble plus une flâme si belle.

PELÉE.
A. & C. Ah ! Que { vôtre / nôtre } chaîne a d'attraits !

Qu'elle dure à jamais,

PELÉE.
A. & C. Et { vous / nous } semble toûjours nouvelle.

ALCIONE,

CEIX à sa Suite.

Chantez, chantez, faites entendre
Les accords les plus doux, les sons les plus touchants;
Par vos plus tendres chants,
Célébrez l'amour le plus tendre.

LE CHŒUR *repete,* Que rien ne trouble, &c.

On danse.

CEIX, *alternativement avec le Chœur.*

Que nos défirs
Puiffent toûjours renaître :
Par les plaifirs,
Notre flâme doit croître.

Qu'à nos amours
L'Hymen feroit à craindre,
Si fon fecours
Servoit à les éteindre !

Serrons les nœuds
D'une chaîne fi belle ;
Que l'amour heureux
N'en foit que plus fidele.

On danse.

Une EOLIENNE, *alternativement avec le* CHŒUR.

Dans ces lieux, Amour, tu nous ramenes
Les Plaifirs, les Graces, & les Ris :
C'eft après des rigueurs inhumaines,
Que tes dons font cent fois plus cheris ;
Qu'il eft doux d'avoir fouffert tes peines,
Quand tu viens nous en donner le prix !

On danse.

SCENE III.
ALCIONE, PELÉE, CEIX,
ET LE GRAND PRESTRE DE L'HYMEN,
PRESTRES *de l'Hymen, portant des Flambeaux*
ornés de Guirlandes.

CEIX.

ON approche : cessez, & qu'un profond silence
Des Prestres de l'Hymen honore la présence.

PELÉE *à part.*

Quoi ! Leur hymen va s'achever !
De ce spectacle affreux, ô mort, vien me sauver !

LE GRAND PRESTRE.

Venez, venez, au nom de la troupe immortelle,
Vous jurer l'un à l'autre une ardeur éternelle.

ALCIONE ET CEIX.

Écoûtez nos sermens, Arbitres des humains.
Vous, qui pour punir le parjure,
Tenez la foudre dans vos mains,
Vous, qu'en tremblant adore la nature,
Maître des Dieux...

Le Tonnere gronde.

ALCIONE, CEIX, & le GRAND PRESTRE.

Quel bruit ! Quels terribles éclats !

ALCIONE,

L'air s'allume: Le Ciel fait gronder son tonnere,
Quel gouffre affreux s'est ouvert sous nos pas!
Tout l'Enfer en courroux sort du sein de la terre!

Les Furies sortent des Enfers, saisissent en volant les flambeaux de l'Hymen dans les mains des Prêtres, & embrâsent tout le Palais.

LE GRAND PRESTRE.

Fuyez; à votre hymen le ciel ne consent pas.

CHŒUR.

Quel embrâsement! Quel ravage!
Dieux! Injustes Dieux! Quelle horreur!
Laissez-nous du moins un passage;
Laissez-nous fuir votre fureur.

SCENE IV.
PELÉE.

Cet Autel, ce palais devoré par la flâme,
Malgré-moy, flatte mon ardeur:
Mais je ne sens qu'avec horreur
Le perfide plaisir qui renaît dans mon ame.
Dieux, justes Dieux, vengez-les, vengez-vous,
Lancez, lancez vos traits; je me livre à vos coups.

FIN DU PREMIER ACTE.

ACTE SECOND.

Le Théâtre représente une Solitude affreuse, & l'Antre de PHORBAS & d'ISMENE.

SCENE PREMIERE.
PHORBAS, ISMENE.

ISMENE.

LE Roi dans ces lieux va se rendre ;
Il croit que le ciel seul traverse son bon-
heur ;
Et c'est par nous qu'il veut apprendre
S'il ne peut de son sort adoucir la rigueur.

PHORBAS.

Pour le troubler encore, unissons-nous, Ismene ;
C'est moi qui vous appris mon art misterieux :
Il faut servir Pelée, il faut servir ma haine
Contre un Prince qui regne où regnoient mes
    ayeux.

ALCIONE,

Pour attirer sa confiance,
J'ai feint, sans murmurer, de recevoir ses Loix:
Mais je sens trop que ma naissance
M'appelloit au trône des Rois.
Reservons-nous du moins le plus doux de leurs droits :
Regnons par la vengeance.

ENSEMBLE.

Regnons } par la vengeance.
Regnez }

PHORBAS appercevant Ceix.
Mais retirons nous : je le vois.

SCENE II.

CEIX, *sans appercevoir* PHORBAS & ISMENE.

CEIX.

Dieux cruels, punissez ma rage & mes murmures,
Frapez, Dieux inhumains, comblez votre rigueur;
Vous plaisez-vous à voir dans mes injures,
L'excès du désespoir où vous livrez mon cœur ?
Je touchois au moment où la beauté que j'aime,
M'eût rendu plus heureux que vous ;
D'un extrême bonheur, Dieux, vous étiez jaloux,
Et vous vous en vengez par un supplice extrême;
Mes maux sont aussi grands que mon espoir fût doux.

TRAGEDIE.

Dieux cruels, puniſſez ma rage, & mes murmures,
Frapez, Dieux inhumains, comblez vôtre rigueur;
 Vous plaiſez-vous à voir dans mes injures
L'excès du déſeſpoir où vous livrez mon cœur?
 A PHORBAS, *&* ISMENE *qui s'approchent.*
 L'injuſte ciel à mes maux m'abandonne;
J'ai recours aux Enfers, daignez les conſulter.

PHORBAS.

Que ne renoncez-vous à l'hymen d'Alcione?
Le ciel vous le défend, pourquoi lui réſiſter?

CEIX.

Les Dieux ont vainement troublé mon eſpérance,
Je ſens à chaque inſtant mon amour s'augmenter;
 Et ſi cet amour les offenſe,
 Je me plais à les irriter.

ISMENE.

 Quittez de trop cruelles chaînes,
 Ne formez que d'heureux déſirs;
C'eſt offenſer l'Amour que d'en chercher les peines;
 Il ne veut ſervir qu'aux plaiſirs.

CEIX.

Ne vous oppoſez point à mon impatience.
 Cruels, par votre réſiſtance
 Voulez-vous auſſi me trahir?

PHORBAS, ET ISMENE.

Vous êtes notre Roi, c'eſt à nous d'obéir.
 Vous, dont les miſteres affreux,
Pour ſoûmettre l'Enfer, ſont d'invincibles armes,

B ij

ALCIONE,

Quittez vos antres ténébreux,
Venez vous unir à nos charmes.
Accourez, hâtez-vous,
Notre voix vous appelle ;
Accourez, signalez pour nous
Votre pouvoir & votre zele.

SCENE III.
PHORBAS, ISMENE, MAGICIENS ET MAGICIENNES.

CHŒUR de MAGICIENS & de MAGICIENNES.

Eprouvez notre ardeur fidele,
Parlez, commandez-nous ;
Nous allons signaler pour vous
Notre pouvoir & notre zele.

PHORBAS.

Transportez l'Enfer en ces lieux,
Offrez-nous-en du moins la terrible apparence;
A nos sens effrayez faites voir tous les Dieux,
Dont nous voulons implorer l'assistance.

CHŒUR.

Sortez Demons, sortez, que tout ici ressente
L'horreur & l'épouvante.
Transportez l'Enfer en ces lieux,
Offrez-nous-en du moins la terrible apparence;
A nos sens effrayez faites voir tous les Dieux,
Dont nous voulons implorer l'assistance.

TRAGEDIE.

Le fond du Théâtre devient une image des Enfers : On y voit PLUTON *&* PROSERPINE*, assis sur leur Trône.*

Les Magiciens commencent leurs Cérémonies.

PHORBAS.

Sévere fille de Céres,
Et toi, des sombres bords formidable Monarque,
Vous à qui la fatale barque
Ameine à chaque instant mille nouveaux sujets,
Ecoutez-nous, Dieux redoutables ;
Que nos vœux, que nos cris vous trouvent favorables.

PHORBAS, ISMENE, ET LE CHŒUR.

Fleuves affreux, qui par vos noirs torrens
Défendez le retour des Royaumes funebres,
Par les Manes plaintifs sur vos rives errans,
Par vos éternelles ténébres,
Par les sermens des Dieux, dont vous êtes garans,
Ecoutez-nous, Dieux redoutables ;
Que nos vœux, que nos cris vous trouvent favorables !

Les MAGICIENS*, & les* MAGICIENNES
continuent leurs Cérémonies.

PHORBAS.

Nos vœux sont écoutez dans les Royaumes sombres,
Chantons, chantons le Dieu des Ombres.

LE CHŒUR.

Que son terrible nom soit par tout célébré ;
Tremblez, Mortels, tremblez sous son pouvoir suprême :

ALCIONE,
Qu'il soit plus craint, plus réveré,
Que celui de Jupiter même.

Les MAGICIENS, *&* les MAGICIENNES *témoignent par leurs Danses leur joye de ce que l'Enfer les écoute.*

PHORBAS, *dans l'entousiasme.*

Une fureur soudaine a saisi mes esprits ;
Respectez le transport qui de mon cœur s'empare,
L'avenir se dévoile à mes regards surpris.

à CEIX.

Infortuné, tu perds l'objet que tu chéris
Rien ne fléchit la Parque trop barbare :
Où t'entraîne l'amour ? Arreste... tu peris.

CEIX.

Qu'entends-je ! quel funeste Oracle !

PHORBAS.

Hâte-toi, cours chercher du secours à Claros,
Apollon à ton sort peut encor mettre obstacle ;
Il n'est permis qu'à lui d'assurer ton repos.

CEIX.

Dieu puissant, sauve au moins la Princesse que j'aime!

PHORBAS.

Pars, & cours l'implorer pour elle, & pour toi-même.

CEIX *sort.*

PHORBAS *à* ISMENE.

J'ai vû son sort ; son départ va hâter
Les malheurs qu'il croit éviter.

FIN DU SECOND ACTE.

ACTE TROISIEME.
Le Théâtre représente le Port de Trachines, & un Vaisseau prêt à partir.

SCENE PREMIERE.
PELÉE.

Vaste Empire, où les vents exercent leurs ravages,
 Tu n'es pas le plus dangereux.
Tu vois dans l'horreur des naufrages,
 Expirer mille malheureux :
 Hélas ! Dans les cœurs amoureux,
L'Amour éleve encor de plus cruels orages,
Son calme est plus trompeur, son couroux plus affreux.
Vaste Empire, où les vents exercent leurs ravages,
 Tu n'es pas le plus dangereux.

SCENE II.
PELE'E, PHORBAS.
PHORBAS.

L'Amour vient de vous faire une faveur nouvelle,
Vous verrez Alcione à vos vœux moins rébelle,
J'écarte le Rival dont son cœur est charmé.

PELÉE.

Hélas ! pour être éloigné d'elle,
Il n'en sera que plus aimé.
L'absence d'un Rival flate peu mes désirs,
Rien ne rendra mon sort moins déplorable ;
Les maux de ce Rival m'arrachent des soupirs ;
Je ne puis à la fois être heureux & coupable.
Non, pour un cœur que le remord accable,
Les faveurs de l'Amour ne sont plus des plaisirs.

L'on entend un bruit de fête Marine.

PHORBAS.

Contraignez-vous, on vient. Cette troupe s'apprête
Pour conduire Ceix au Temple de Claros,
Et vient ici, par une fête,
Implorer la faveur du Souverain des flots.

Il sort.

SCENE III.

SCENE III.

PELE'E, MATELOTS ET MATELOTTES.

CHŒUR.

REgnez, Zéphirs, regnez sur la liquide plaine ;
Qu'en ses prisons Eole enchaîne
Les terribles tyrans des airs !
» Toi, qui tiens dans tes mains le trident redoutable,
» Ne permets qu'au vent favorable
» De troubler le repos des Mers.

On danse.

UNE MATELOTTE.

Amans malheureux,
Si mille écuëils fâcheux
Troublent vos vœux,
Le desespoir est le plus dangereux.

Quelque vent qui gronde,
L'Amour calme l'onde :
Peut-on perdre l'espoir,
Quand on connoît son pouvoir ?

On danse.

ALCIONE

LA MATELOTTE.

Pourquoi craignons-nous
Que l'Amour ne nous engage ?
Si c'est un orage,
Le calme est moins doux.

Suivons nos désirs :
Après quelques soupirs,
On arrive aux plaisirs.
Pourquoy perdre un jour ?
Mettons à la voile :
Nous avons pour étoile,
Le flambeau de l'amour.

On danse.

Les Matelots montent sur le Vaisseau.

SCENE IV.

ALCIONE, CEIX, PELÉE.

ALCIONE.

Quoy ! Les soupirs & les pleurs d'Alcione
 Ne pourront-ils vous arrêter ?
Vous partez !

CEIX.

  L'Amour me l'ordonne.

ALCIONE.

Quoy ! Vous m'aimez, & vous m'allez quitter ?

CEIX.

Je tremble pour vos jours, c'est mon unique envie
D'écarter les malheurs qu'on m'a fait redouter.

ALCIONE.

 Hélas ! vous tremblez pour ma vie !
Et par votre départ, vous me l'allez ôter.
Mon cœur, à chaque instant, vous croira la victime
 Des flots & des vents en courroux :
 Je connois l'ardeur qui m'anime ;
Je mourrai des dangers que je craindrai pour vous.

C ij

CEIX.

Ah! plus dans cet amour mon cœur trouve de charmes,
Et plus je sens pour vous redoubler mes frayeurs :
Laissez-moi sur vos jours dissiper mes allarmes,
Et ne craignez pour moi que vos propres malheurs.

ALCIONE.

Consentez donc que je vous suive.
Si je cesse de voir l'objet de mon amour,
Comment voulez-vous que je vive ?

CEIX.

Vivez avec l'espoir d'un doux & prompt retour.

ALCIONE.

Vous partez donc, cruel ! Dieux ! Je frémis, je tremble :
Est-ce ainsi qu'à mes pleurs s'attendrit un époux.
Laissez-moy, par pitié, m'exposer avec vous ?
Du moins, s'il faut souffrir, nous souffrirons ensemble.

CEIX.

Quoy ! Je pourrois offrir au sort
Ce moyen d'attenter à votre belle vie ?
Au nom des Dieux, perdez cette barbare envie.

TRAGEDIE.

ALCIONE.
Au nom de mon amour, ne hâtez point ma mort.

CEIX
Amour infortuné !

ALCIONE.
Tendresse déplorable !

ENSEMBLE.
Qu'est devenu l'espoir qui séduisoit nos cœurs ?

CEIX.
Dieux cruels !

ALCIONE.
Ciel impitoyable !

ENSEMBLE.
Ah ! Deviez-vous troubler de si tendres ardeurs ?

CEIX à PELÉE.
Approche, cher Amy ; tu vois qu'un sort barbare
De l'objet de mes vœux aujourd'huy me sépare.
Je confie en tes mains ce dépôt précieux.

ALCIONE.
Vous me desesperez !

CEIX à PELÉE.
Console ce que j'aime
Flate son cœur tremblant de la faveur des Dieux.

Et parle-luy souvent de mon amour extrême.
Adieu, chere Alcione.

ALCIONE.

O funestes adieux!
Vous m'abandonnez?

CEIX.

Dans ces lieux,
Je vous laisse un autre moi-même.

à PELÉE.

Prens soin d'adoucir ses tourmens.
Je t'en conjure encor par mes embrassemens.

CEIX *monte sur son Vaisseau, & part.*

SCENE V.
ALCIONE, PELÉE.

ALCIONE.

IL fuit… il craint mes pleurs, ah ! Cher époux,
arrête…
Ciel ! Il ne m'entend plus, son vaisseau fend les mers.
    Neptune écarte la tempête,
Toy, mon Pere, retiens tous les vents dans les fers.

Hélas ! De ce vaisseau que la fuite est soudaine !
Que son éloignement irrite mes douleurs !
    Déja mes yeux l'apperçoivent à peine ;
    Je cesse de le voir…… je meurs.

Elle tombe évanouïe.

PELÉE.

Que vois-je ? De ses sens elle a perdu l'usage.
Dieux ! N'est-ce pas assés d'avoir vû son amour ?
Me condamneriez-vous à souffrir davantage ?
    Dois-je luy voir perdre le jour !
Alcione, Alcione !… en vain ma voix l'appelle.
Alcione !… mes soins ne peuvent rien pour elle !
O trop heureux Rival, reviens la secourir :
    Reviens, quand j'en devrois mourir.
Alcione !

24 ALCIONE,

ALCIONE, reprenant ses sens, croiant entendre CEIX.

Ceix.

PELÉE.

Ah ! vous croyez encore
Entendre cette voix si chere à votre amour.

ALCIONE.

Je ne l'entends donc plus cet Amant que j'adore,
Eh ! Pourquoy donc me rappeller au jour ?

PELÉE & ALCIONE.

Que j'éprouve un supplice horrible !
Ciel ! Ne nous donnez-vous
Un cœur tendre, & sensible
Que pour le mieux percer de vos funestes coups ?

FIN DU TROISIEME ACTE.

ACTE IV.

ACTE QUATRIEME.
Le Théâtre représente le Temple de JUNON.

SCENE PREMIERE.
ALCIONE, CEPHISE.
ALCIONE.

Mour, cruel Amour, sois touché de mes peines,
Ecoute mes soupirs, & voi couler mes pleurs.
Depuis que je suis dans tes chaînes,
Tu m'as fait éprouver les plus affreux malheurs;
Le départ d'un Amant a comblé mes douleurs;
Mais, malgré tant de maux, si tu me le ramenes,
Je te pardonne tes rigueurs.

Amour, cruel Amour, sois touché de mes peines,
Ecoute mes soupirs, & voi couler mes pleurs.

CEPHISE.
A servir vos vœux tout s'empresse;
Je vois avec sa suite, approcher la Prêtresse.

SCÈNE II.
ALCIONE, CEPHISE,
LA GRANDE PRETRESSE DE JUNON,
PRETRESSES.

LA PRETRESSE.

O Toi, qui de l'Hymen défend les sacrés nœuds,
O Junon, puissante Déesse;
Reçois notre encens & nos vœux;
Et que jusqu'à ton trône ils s'élevent sans cesse.

Les PRETRESSES *dansent autour de l'Autel, & jettent de l'encens dans le feu.*

LA PRETRESSE.

Reine des Dieux, exauce nos souhaits,
Alcione aujourd'hui t'implore;
Daigne assurer les jours d'un Epoux qu'elle adore.

LE CHŒUR.

Reine des Dieux, exauce nos souhaits.

LA PRETRESSE.

Commence leurs plaisirs, & termine leurs peines:
Aux maux qu'ils ont souffert, égale tes bienfaits;
Unis des plus aimables chaînes,
Quils jouissent par toi d'une éternelle paix.

On danse.

TRAGEDIE.

LA GRANDE PRETRESSE.

O puissante Junon, qu'en ces lieux on revére,
Ton auguste pouvoir remplit tout l'univers.

CHŒUR.

O puissante Junon, &c.

LA GRANDE PRETRESSE.

Ton empire embrasse la terre.
Et ses gouffres profonds conduisent aux Enfers.

CHŒUR.

O puissante Junon, &c.

LA GRANDE PRETRESSE.

Tu déchaînes les vents par leur affreuse guerre,
Pour servir ton courroux, ils font sifler les airs.
Jusqu'au trône du Dieu qui lance le tonnerre
Tu souleves les flots du vaste sein des mers.

O puissante Junon, qu'en ces lieux on revére,
Ton auguste pouvoir remplit tout l'univers.

CHŒUR.

O Puissante Junon, &c.   *On danse.*

On entend une Symphonie fort douce.

LE CHŒUR.

Quels sons charmans! Un Dieu dans ces lieux va se rendre.

ALCIONE.

Le sommeil semble ici verser tous ses pavots:
Ma douleur ne peut m'en défendre.

CHŒUR.

Cedez aux charmes du repos.

Dij

ALCIONE.
Un pouvoir souverain me force de me rendre.

Elle s'endord sur un des côtés du théâtre.
LE CHŒUR.
Cedez aux charmes du repos.

SCENE III.
LE SOMMEIL *sur un lit de pavots*, *environné de Vapeurs*, & les ACTEURS *de la Scene précedente.*

LE SOMMEIL aux PRETRESSES.

ELoignez-vous, & laissez Alcione;
Je vais exécuter ce que Junon m'ordonne.
CHŒUR.
Obéissons, éloignons nous.

SCENE IV.
LE SOMMEIL, MORPHE'E, LES SONGES, ALCIONE *endormie.*
LE SOMMEIL.

VOlez, Songes, volez; faites-lui voir l'orage
Qui dans ce même instant lui ravit son Epoux.

De l'onde foulevée, imitez le courroux,
Et des vents déchaînés, l'impitoyable rage.

Toi, qui fçais des mortels emprunter tous les traits.
Morphée à fes efprits offre une vaine image ;
Préfente-lui Ceix dans l'horreur du naufrage,
    Et qu'elle entende fes regrets.
Qu'en lui montrant fon fort, ce fonge affreux l'en-
    gage
A ne ne plus perdre ici fes vœux & fon hommage.

Les SONGES *volent ; le Théâtre change & repréfente une Mer orageufe, où un Vaiffeau fait naufrage : les Songes prennent la forme de Matelots qui périffent, ou qui pour fe fauver, s'attachent à des débris ou à des rochers.* MORPHÉE *paroît avec eux fous la figure de* CEIX.

CHŒUR DE MATELOTS.

Ciel ! ô Ciel ! quel affreux orage !
Rien ne peut plus nous fecourir.
Ah ! Quel defefpoir ! Quelle rage !
Malheureux ! Nous allons périr.

MORPHÉE.

Ah ! je vous perds, chere Alcione :
Helas ! qu'allez-vous devenir ?

LE CHŒUR.

La Mer eſt en fureur, l'Air mugit, le Ciel tonne!
Grands Dieux! Quelles frayeurs! ô Mort vien les finir.

MORPHÉE.

Ah! Je vous perds, chere Alcione!

LE CHŒUR.

Malheureux! Nous periſſons tous!

MORPHÉE.

„Chere Fpouſe, mon cœur ne regrette que vous.

La Mer diſparoît & l'on revoit le Temple de JUNON.

SCENE V.

ALCIONE, *s'éveillant en furſaut.*

Où ſuis-je, & qu'ai-je vû! Je perds ce que j'adore,
Tous les vents à mes yeux ont ſoulevé les Mers,
Ceix eſt englouti ſous les flots entr'ouverts,
Je l'ai vû, je le vois encore!

Déeſſe, c'eſt donc toi qui m'offre cette image,
Tu viens m'avertir de mon ſort;
Eh bien! Pour prix de mon hommage
Acheve, & donne-moi la mort.

FIN DU QUATRIEME ACTE.

ACTE CINQUIEME

Le Théâtre couvert des ombres de la nuit, repréſente un endroit des Jardins de CEIX, *terminé par la Mer.*

SCENE PREMIERE.
PELÉE.

O Nuit redouble tes tenebres ;
Délivre mes regards des horreurs que je voi.
L'ombre de mon ami s'éleve contre moi :
Je voi couler ſes pleurs ; j'entends ſes cris funebres.
 Hélas ! Mon crime eſt mon plus grand effroi.
  O Nuit, redouble tes ténébres ;
Délivre mes regards des horreurs que je voi.

Qu'ai-je fait malheureux ! Quelle eſt ma barbarie !
De tout ce que j'aimois, j'ai cauſé le malheur.
  C'eſt du flambeau d'une Furie.
Que l'Amour s'eſt ſervi pour embraſer mon cœur.

SCENE II.
ALCIONE, PELE'E, CEPHISE

ALCIONE.

Barbares, laiſſez-moi ; votre pitié m'offenſe,
Vous m'arrachez des mains le poiſon & le fer.
Laiſſez-moi, qu'à l'aſpect de la cruelle Mer,
J'aille chercher la mort, mon unique eſpérance.

PELE'E

Non, non, n'en croyez point cet aveugle tranſport:
Moderez, Alcione, une douleur trop vive,
Souffrez encore le jour.

ALCIONE

Hélas ! Ceix eſt mort !
Vous voulez qu'Alcione vive ?

PELE'E

Le plus ſacré devoir vous y doit engager :
Vivez, vivez pour le venger.

ALCIONE.

Et de qui le venger ? C'eſt le ciel qui l'opprime.

PELE'E.

Non, je ſçai qu'un perfide a cauſé ſon malheur.
Son ombre errante ici, demande une victime.
Je vous livre l'auteur du crime,
Si vous me répondez de lui percer le cœur.

ALCIONE.

TRAGEDIE.

ALCIONE.

Fiez vous-en à ma douleur.
Ombre de mon Epoux, c'est par toy que je jure.
Quel serment plus sacré pour moi !

De tes mânes plaintifs appaise le murmure ;
Je brûle de verser le sang que je te dois.
Ombre de mon Epoux, c'est par toi que je jure,
Quel serment plus sacré pour moi !
Redoutez-vous encore une pitié timide ?

PELÉE.

Eh bien ! prenez ce fer & frappez le perfide.

ALCIONE.

Vous !

PELÉE.

Malgré-moi, j'adorois vos appas.
Un malheureux amour avoit séduit mon ame ;
Et malgré-moi, Phorbas à servi cette flâme.
C'est lui qui de Ceix a causé le trépas.
Frappez, frappez ; percez ce cœur qui vous adore ;
C'est l'unique faveur que mon amour implore.

ALCIONE arrachant l'épée de PELÉE.

Eh bien ! Si vous m'aimez, ma mort va vous punir.

E

ALCIONE,

CEPHISE, la désarmant.

Arrêtez, arrêtez.

ALCIONE.

Pourquoi me retenir ?

SCENE III.

PHOSPHORE, *dans son étoile.*
ALCIONE, PELE'E, CEPHISE,
PELÉE.

Quel Dieu descend ici ? Quel astre nous éclaire ?

ALCIONE.

Du malheureux Ceix, je reconnois le pere.

PHOSPHORE, à ALCIONE.

Ce que le sort m'apprend doit calmer tes allarmes;
Alcione, le Ciel va te rendre mon fils;
Aujourd'hui, pour prix de tes larmes,
Vous devez sur ces bords être à jamais unis.

*PHOSPHORE remonte au Ciel & les ombres
de la nuit commencent à se dissiper.*

SCENE IV.
ALCIONE, PELE'E, CEPHISE.

ALCIONE.

Qu'ai-je entendu ? Grands Dieux ! Croirai-je cet oracle ?

PELÉE.

L'Hymen, pour vous unir n'attend plus que le jour.
Vous allez être heureux, & ce cruel spectacle
Va vous venger de mon amour.

Il sort.

SCENE V.
ALCIONE, CEPHISE.

ALCIONE.

REgnez, Aurore, à votre tour ;
Des cieux qu'elle a voilez, chassez la nuit affreuse ;
Hâtez-vous d'amener le jour
Qui doit me rendre heureuse.

E ij

„ Je vois dans ces jardins mille riantes fleurs ;
„ Eclore de vos larmes ;
„ Et c'eſt ainſi que de mes pleurs,
„ L'Amour va faire naître un bonheur plein de
„ charmes.

„ Regnez, Aurore, à votre tour ;
„ Des cieux qu'elle a voilez, chaſſez la nuit affreuſe;
„ Hâtez-vous d'amener le jour
„ Qui doit me rendre heureuſe.

L'Aurore éclaire enfin tout le théâtre, & laiſſe voir CEIX,
que les flots ont pouſſé ſur un gazon.

ALCIONE.

Mais, quel funeſte objet a frapé mes regards !
Quel eſt ce malheureux, victime du naufrage !
Vous courriez les mêmes hazards,
Cher Epoux, mais les Dieux ont détourné l'orage.

Elle approche, & reconnoit CEIX.

Ciel ! Que vois-je ? C'eſt lui !

Elle tombe entre les bras de ſa Confidente.

CEPHISE.

Que devient-elle, helas !
Ses maux vont lui couter la vie.

TRAGEDIE.

ALCIONE.

Non, ma douleur encor ne me l'a pas ravie :
  Par pitié, hâtez mon trepas.

Est-ce-là ce bonheur que je devois attendre,
  Et dont les Dieux m'étoient garands ?
Vous me rendez Ceix, ah ! Barbares tyrans,
Dieux cruels, est-ce ainsi qu'il falloit me le rendre ?
Vous plaisez-vous aux maux des fidelles Amans ?
O Mer ! Cruelle Mer, termine mes tourmens.

Elle veut se précipiter dans la Mer.

SCENE VI.
NEPTUNE *sort de la Mer*,
ET LES ACTEURS DE LA SCENE PRECEDENTE.

NEPTUNE.

JE viens vous affranchir de la Parque cruelle,
Vivez heureux Amans, d'une vie immortelle,
Rien ne peut plus vous féparer;
Les Dieux, touchez d'une flâme fi belle,
N'ont permis vos malheurs, que pour les réparer.

SCENE DERNIERE.
CEIX, ALCIONE, NEPTUNE,
& fa fuite.

ALCIONE.

Quoi ! Je revois Ceix !

CEIX.

Je revois Alcione.

NEPTUNE.

Aimez-vous, aimez-vous toujours.

ALCIONE ET CEIX.

L'immortalité qu'on nous donne
Doit éternifer nos amours.

TRAGEDIE.

NEPTUNE.

Aimez-vous, aimez-vous toujours.

ALCIONE ET CEIX.

Aimons-nous, aimons-nous toujours.

NEPTUNE.

Chantez, chantez, Divinitez de l'Onde,
Formez mille concerts charmans,
Que vos voix annoncent au monde
Le triomphe de ces Amans.

CHŒUR.

Chantons, qu'à nos chants tout réponde,
Formons mille concerts charmans;
Que nos voix annoncent au monde
Le triomphe de ces Amans.

Les Dieux de la Mer célébrent l'Apotheose de CEIX *&* d'ALCIONE.

FIN.

APPROBATION.

'Ai lû par ordre de Monseigneur le Chancelier une Nouvelle Edition d'*Alcione Tragedie*. A Versailles le cinq Octobre 1756.
DE MONCRIF.

www.ingramcontent.com/pod-product-compliance
Lightning Source LLC
Chambersburg PA
CBHW070710050426
42451CB00008B/576